Bernd Pfarr | Hans Zippert

Wenn Tiere verreisen

BERND PFARR | HANS ZIPPERT

Wenn Tiere verreisen

Kein & Aber

2. Auflage, Sommer 2003

Umschlagbild: Bernd Pfarr
Gestaltung: Doris Grüniger, Zürich
Scans: Photolitho AG, Gossau-Zürich
Druck und Bindung: Offizin Andersen Nexö, Leipzig
ISBN 3-0369-5215-2

www.keinundaber.ch

– VORWORT –

Die Welt ist ein Dorf. Grenzen spielen keine Rolle, weit entfernte Länder sind plötzlich ganz nah. Im Flugzeug sitzen Bewohner Asiens, Afrikas und Europas wie selbstverständlich nebeneinander, im Hotel treffen wir auf Stinktiere, Warzenschweine, Giftkröten oder Beutelratten. Leider wissen aber die wenigsten Menschen, wie sie sich gegenüber Tieren auf Reisen verhalten sollen. Muss man einem angetrunkenen Kragenbären auf Verlangen den Platz in der Business-Class frei machen? Sollte man sich über rauchende Löwen im Speisewagen beschweren? Was kann passieren, wenn man sein Hotelzimmer mit einer Schimpansin teilen muss, und wer bekommt später das Sorgerecht für das Kind? Woran erkennt man in einer Reisegruppe das Chamäleon? Was tun, wenn ein mitreisendes Tier abends auf der Speisekarte erscheint?

Diese oder ähnliche oder vollkommen andere Fragen werden in dem vorliegenden Standardwerk beantwortet, an dem Bernd Pfarr und Hans Zippert über 40 Jahre lang gearbeitet haben. Es ist unerlässlich für alle, die gerne Bücher lesen, an denen Autoren über 40 Jahre lang gearbeitet haben, und die darüber hinaus noch unbedingt wissen wollen, was passiert, wenn Tiere verreisen …

– DIE AMÖBE –

Amöben sind Einzeller, aber keine Einzelgänger. Obwohl sie sehr einfach gebaut sind, handelt es sich um schwierige Gäste. Gruppenreisen nehmen häufig ein katastrophales Ende, weil die Tiere zu spontanen und völlig willkürlichen Zellteilungen neigen. Sie können praktisch jede Gestalt annehmen und tun das auch bedenkenlos. Nie kann ein Hotelier sicher sein, ob er gerade einen Brieföffner oder eine Tube Sekundenkleber in Händen hält oder doch den Gast von 312.

Schon bei der Einreise in ein fremdes Land müssen Amöben mit Problemen rechnen. Grenzbeamte verzweifeln beim Blick in den Amöbenausweis, selbst wenn das Passfoto erst wenige Stunden alt ist. (»Bes. Kennzeichen: wechselt häufig die Gestalt«.)

Amöben sind teilungsfreudig

Erst kürzlich ereignete sich bei einer Ägypten-Tour folgender Zwischenfall: Eine Reisegruppe betrachtete ergriffen die Cheops-Pyramide, doch in Wirklichkeit handelte es sich bei dem beliebten Pharaonengrabmal um Familie Dreesbeimdieker 123 B aus dem Meierteich (Bielefeld/Sudbrackstraße, am Anleger links). Sie hatten sich ohne Hintergedanken in Pyramidenform geteilt und waren peinlich berührt, weil sie von allen angestarrt und fotografiert wurden.

Nach Untersuchungen des Internationalen Einzeller-Verbandes (IEV) soll es sich übrigens bei den meisten Touristenattraktionen längst um Amöben handeln. So gilt der Louvre in Fachkreisen als die größte begehbare Amöbe der Welt. Experten warnen vor dem wachsenden Einfluss von Amöben, die zum Beispiel an Eintrittsgeldern für Sehenswürdigkeiten wie Neuschwanstein oder Sanssouci beteiligt werden wollen und damit drohen, sich bei der nächsten Zellteilung in ein evangelisches Gemeindezentrum zu verwandeln.

Amöben sind veränderungsfreudig

Man schätzt, dass in 15% aller Ehen mindestens ein Partner Amöbe ist. So eine Verbindung kann aber durchaus glücklich und sehr abwechslungsreich verlaufen. In ihrer Freizeit beschäftigen sich Amöben übrigens gerne mit Multiplikationen und Teilaufgaben.

Lieblingsbücher: *Der Mann ohne Eigenschaften, Das doppelte Lottchen*

Achtung, sollte sich diese Seite vor Ihren Augen teilen, haben Sie in einer Amöbe gelesen!

– DER ZUGVOGEL –

Denkt man an Tiere auf Reisen, fallen einem natürlich zuerst die Zugvögel ein. Diese gefiederten Urlauber vollbringen Höchstleistungen am laufenden Band. 1967 flog zum Beispiel ein Storch die Strecke Gifhorn–Kapstadt in zweieinhalb Wochen. Schon in Sichtweite seines Winterquartiers, bemerkte er, dass er das Bügeleisen angelassen hatte, flog wieder zurück, behob den Schaden und brach anschließend wieder Richtung Süden auf.

Inzwischen ist allerdings bei Zugvögeln eine große Reiseunlust zu beobachten. Man war irgendwie schon überall, in anderen Ländern ist immer alles so teuer, und das ständige Fliegen soll ja auch nicht gesund sein. Doch Zugvögel haben Verpflichtungen. Viele Menschen vertrauen fest darauf, am Herbsthimmel eindrucksvolle Flugformationen zu sehen, die sehnsuchtvollen, melancholischen Schreie zu hören und sich vorzustellen, wie es wäre, »wenn man da mitfliegen könnte«. Für andere Menschen ist erst Frühling, wenn die Störche wieder da sind. »Mein Mann und ich müssen jedes Jahr Tausende von Kilometern in ungemütliche Länder fliegen, wo wir noch nicht mal die Sprache verstehen«, erklärt eine frustrierte Storchenfrau aus Immensen. »Nur weil das Fernsehen Sondersendungen über unsere Rückkehr eingeplant hat.« Manche Zeitungen haben feste Verträge mit bestimmten Vögeln, ein Grauganssschwarm, der sich einen neuen Landeplatz außerhalb Niedersachsens gesucht hatte, wurde von der *Hannoverschen Allgemeinen* wegen Vertragsbruch verklagt und musste eine Konventionalstrafe in Höhe von 50 000 Euro bezahlen.

Immer mehr Kraniche bleiben inzwischen zu Hause und lassen sich am Himmel von polnischen Leihreihern oder weißrussischen Studenten vertreten. Das erklärt wohl einige chaotische Flugformationen, die Ornithologen in den letzten Jahren beobachten konnten. Laien staunen immer wieder, wie die Tiere sich auf einem zehntausend Kilometer langen Flug orientieren können. Die Antwort: Sie merken sich einfach bestimmte charakteristische Wolken, die sie unterwegs überfliegen. Außerdem lesen sie die Ortseingangsschilder.

– DER PINGUIN –

Pinguine leben Tausende Kilometer vom nächsten Reisebüro entfernt, deshalb machen sie sehr selten Urlaub. Zwar stehen in der Antarktis mehrere Münzfernsprecher, doch wie man weiß, sind Pinguine im Wasser wohl äußerst geschickt, wirken in Telefonzellen aber extrem unbeholfen. Wer einmal einen Pinguin in einer Telefonzelle gesehen hat, wird bestätigen, dass sie dort einen geradezu lächerlichen Eindruck machen, weshalb man sie auch so gut wie nie in Telefonzellen findet.

Trotzdem wollen Pinguine natürlich irgendwann Luftveränderung. Sie wandern tagelang übers Eis, bis sie ans offene Wasser kommen, und heuern auf dem nächstbesten Forschungsschiff als Kellner an. Es ist immer wieder ein bewegender Anblick, wenn so ein Schiff im Heimathafen einläuft, und von Bord gehen 20 Mann Besatzung und 147 Kellner. Dabei ist es eine ziemliche Qual, sich von einem Pinguin bedienen zu lassen. Im Wasser sind sie bekannt für hervorragenden Service, an Bord wirken sie oft wenig kundenorientiert. Die Vögel lassen gerne das Tablett fallen, merken sich prinzipiell keine Bestellung und fordern unverschämte Trinkgelder. Allerdings sind sie immer korrekt gekleidet. Wenn es ihnen

Pinguin auf den Malediven

Ulf kanns nicht lassen

gelingt, ein Forschungsschiff unbehelligt zu verlassen, verdingen sie sich an Land als Zeitungsständer oder Stehlampe, finden ihr Auskommen in einem Sinfonieorchester, als Leichenbestatter oder protestantischer Geistlicher. Manche lassen sich auch für Geld ausstopfen oder arbeiten im Zoo als Albatros oder Direktor.

Die Wissenschaft ordnet den Pinguin den flugunfähigen Vögeln zu, davon weiß der Pinguin jedoch nichts. Er ist überzeugt, dass er fliegen kann. Dieses drollige Hin-und-Her-Gewackel, das der Laie verächtlich als Watscheln bezeichnet, nennen Pinguine fliegen. Pinguine sind demnach die langsamsten Flieger, die man bisher entdeckt hat. Während des Fluges bleiben sie im Gegensatz zu allen anderen flugfähigen Vögeln mit beiden Füßen fest auf dem Boden: »Sonst«, so betonen sie gerne, »würden wir ja umfallen.«

Pinguine, die sich bis zum nächsten Reisebüro durchschlagen (Santiago de Chile, Avenuda di Pitralon 11) buchen gerne »irgendwas Heißes«, die Nacht verbringen sie dann aber lieber mit dem Kopf in der Minibar.

Ein Rendezvous mit einem Pinguin endet meistens sehr enttäuschend. So geschickt sie im Wasser sind, so unbeholfen benehmen sie sich im Bett – es sei denn, es handelt sich um ein Wasserbett.

Lieblingsgeschichte: *Schischyphusch oder der Kellner meines Onkels*
Lieblingsband: *Penguin Café Orchestra*
Lieblingsreiseziele: Malediven, Österreich (Caféhäuser, Opernball)

Pinguine sind die einzigen Touristen, die sich in Freizeitkleidung ausgesprochen unwohl fühlen

– DER BIBER –

»Alles lieber außer Biber«, dieses Motto hat sich in der Touristikbranche immer stärker durchgesetzt. Die meisten Reiseunternehmen haben eine Biberschutzversicherung, in vielen Restaurants der gehobenen Kategorie gibt es Nichtbiberbereiche. Auch in Flughäfen genießen Biber eine Sonderbehandlung. Sie müssen ihre Schneidezähne gesondert einchecken und werden ausführlich auf verschluckte Holzraspeln und Feilen geröntgt.

Doch woher kommt dieser schlechte Ruf? Auf den ersten Blick wirken Biber durchaus höflich und zuvorkommend. Die meisten Tiere sind in der Architekturbranche tätig und geben dementsprechend üppige Trinkgelder, gerne auch im Voraus. Dafür erwarten sie allerdings, das Mobiliar nach ihrem Geschmack bearbeiten zu dürfen. Fließt erst einmal der Alkohol, werden Tisch- und Stuhlbeine hemmungslos angenagt, bis die Möbel zusammenbrechen. Fast jeder Biber besitzt für solche Gelegenheiten ein spezielles Schweizer Taschenmesser mit 26 verschiedenen Sägen plus Klappaxt und Zahnstocher. Dabei interessiert es die Biber nicht, ob an dem Tisch noch gegessen und auf dem Stuhl noch gesessen wird. Im Hotelzimmer zerlegt man anschließend Kleiderschränke und Schrankwand, das Kleinholz wird gestapelt, mit Vorhängen und Bettdecken abgedichtet, und als Krönung drehen die Tiere alle Wasserhähne auf und überfluten den Raum. Große Wasserflächen künden häufig vom Besuch einer Biberfamilie. Dort, wo sich heute der Bodensee befindet, stand einst ein eindrucksvoller Hotelkomplex mit einer riesigen Parkanlage, die zu den schönsten Europas zählte, bis die »Biberdammbaugesellschaft Mecklenburg-Vorpommern« dort ihre Jahrestagung abhielt. Diese Gesellschaft steht auch im Verdacht, maßgeblich an der Entstehung der Mecklenburgischen Seenplatte und des Steinhuder Meeres beteiligt gewesen zu sein. Führende Biberforscher machen die Tiere sogar für den Untergang von Atlantis verantwortlich, und selbst die Sintflut soll keineswegs durch Dauerregen, sondern durch die gleichen Biber entstanden sein, die Noah anschließend in Gottes Auftrag mit auf die Arche nehmen musste.

Biber lieben es zu stauen. Wenn kein Wasser zur Hand ist, tun es auch ein paar Autos. Der Grund vieler unerklärlicher Verkehrsstillstände sind motorisierte Biber, die einfach mal ihren Wagen quer über zwei Fahrspuren gestellt haben und begeistert den entstehenden Stau beobachten. Sollte vor Ihnen ein Biber fahren, überholen Sie zügig, und halten Sie nicht an, bevor Sie Ihr Ziel erreicht haben. Informieren Sie sich vor Antritt einer längeren Autofahrt, ob in einem biberreichen Bundesland die Ferien begonnen haben.

In der so genannten freien Natur sind Biber eher selten anzutreffen, sie halten sich heute vornehmlich in Heimwerkermärkten am Rand der Stadt auf, am liebsten in der Nähe der Holzzuschnittabteilung und der Dämmmaterialien.

Lieblingsfilm: *Weekend*
Lieblingsbuch: *Stauden und Obstbäume in Osthessen* (3. Aufl.)

– DER WURM –

Wenn Würmer verreisen

– DER MAULWURF –

Automechaniker sind keine großen Maulwurffreunde. Immer wieder bekommen sie die Beschwerden der Tiere zu hören, weil ihr Wagen angeblich nicht tief genug gelegt wurde. Denn für den Maulwurf kann es gar nicht tief genug sein. Selbstverständlich hat er sämtliche U-Bahn-Fahrpläne und Streckennetze der Welt im Kopf. 8.30 Paddington – 8.45 Tower Bridge – 16.30 Louvre: So sieht eine typische Maulwurfsreiseroute aus. Er weiß genau, wann er Anschluss vom Bahnhof Zoo nach Moskau hat, allerdings muss er noch den fehlenden Tunnel zwischen der U1 und der Moskauer Zentrallinie graben. In Hotels bekommt man ihn selten zu Gesicht, obwohl er mit Vorliebe unter den teuersten Adressen absteigt. Zum Beispiel unter dem Frankfurter Hof oder dem Bremer Park Hotel. Dort bezieht er seine unterirdische Suite mit Blick auf die Fundamente der Tiefgarage.

Trifft man über der Erde auf eine Maulwurfreisegruppe, hört man erstaunliche Geschichten. Da heißt es, Maulwürfe hätten das Antlitz dieser Erde geformt: die Alpen, die Pyrenäen, der Ural – alles Werke von gewaltigen prähistorischen Maulwürfen, deren Hügel im Laufe der Jahrtausende versteinerten. »Der Vesuv? Mein Lieber, was soll ich Ihnen sagen, da sitzt natürlich einer von uns drin, der hat sich bis zum Erdmittelpunkt durchgeschlagen und wirft jetzt die überflüssige Lava aus seinem Bau.« Das Gegenteil lässt sich nur schwer beweisen. Geologen glauben, dass feuerfeste Maulwürfe durchaus für die Vulkanausbrüche der letzten Jahrtausende verantwortlich sein könnten. Maulwürfe leben in ihrer eigenen Welt, zu der bisher nur wenige Menschen Zugang hatten. Ihre unterirdische Tätigkeit macht Angst, vor Jahren kursierte in Kleingärtnerkreisen sogar das Gerücht, die Maulwürfe hätten die Atombombe und wollten sämtliche Zierrasen der Republik sprengen. Militärexperten bezweifeln diese Theorie, bestätigen aber, dass Maulwürfe die ganze Welt unterwandert hätten, was auch nicht sehr beruhigend sei. Sicher ist außerdem, dass sie unter der Erdoberfläche ein Transportsystem betreiben, das seinesgleichen sucht. Wer es einmal benutzt hat, wird die Bequemlichkeit und vor allem die Pünktlichkeit eines Maulwurfs schätzen. Sollten Sie es wirklich eilig haben, nehmen Sie zum Beispiel den 5.00-Uhr-Maulwurf von Frankfurt nach Berlin und zurück mit dem 18.15-Uhr-Maulwurf mit Zwischenstopp unter Hannover.

Was Maulwürfe besonders hassen, sind Hochdruckgebiete und Hochhäuser, dagegen haben sie eine Vorliebe für tiefsinnige Betrachtungen in Tiefdruckbeilagen und tief empfundenes Tiefseetauchen. Maulwürfe kommen viel herum. Sie können urplötzlich an jedem nur denkbaren Ort auftauchen. Beim Pokalendspiel 1954 zwischen dem VfB Stuttgart und dem 1. FC Köln tauchte in der Verlängerung urplötzlich ein Maulwurf im Strafraum der Kölner auf, bekam den Ball und verwandelte eiskalt zum 1:0-Endstand.

Sehr gerne verbringen Maulwürfe Abenteuerurlaub in einer bewachten Schrebergartenanlage oder einer Friedhofsgärtnerei, denn Maulwürfe wissen gute Grabarbeiten zu schätzen.

Lieblingsbuch: *Unter dem Vulkan*
Lieblingsgruppe: *Velvet Underground*
Lieblingssänger: *Stevie Wonder*
Lieblingsreiseziele: Unterhaching, Down Under, Ground Zero

– DIE SCHNECKE –

Für einen kurzen Wochenendtrip muss sich die Schnecke gleich einen ganzen Jahresurlaub nehmen. Lebt allerdings in den Ferien sehr sparsam, weil sie immer das eigene Haus dabeihat. Gilt deshalb als der Holländer unter den Tieren.

– DER ELEFANT –

Alfred Brehm berichtet in der 3. Auflage seines *Tierlebens*: »Im Deutschen Reich beobachtet man das gehäufte Auftreten von Elefanten mit Sorge. Die Rundreise Delft–Nymphenburg–Meißen scheint besonders beliebt zu sein. Die dortigen Porzellanfabriken stehen vor dem Ruin …« Das war früher. Heute ist der Elefant ein gern gesehener Gast in den Touristenzentren der Welt. Da die Natur ihn mit einem körpereigenen Strohhalm ausgestattet hat, kann er große Getränkemengen aufsaugen. Das freut die Gastronomie, besonders wenn mal wieder ein 123-stöckiger Manhattan verkauft wird.

Geradezu sprichwörtlich ist das unglaubliche Erinnerungsvermögen des Elefanten. Schon Hagenbeck berichtet von einem, dessen Gedächtnis derartig weit in die Zukunft reichte, dass er beim Betreten eines Restaurants den Kellner ohrfeigte, weil er sich erinnerte, dass dieser ihm gleich ein versalzenes Bambusrisotto bringen würde. Elefanten auf Berlinbesuch glauben oft, in der falschen Stadt zu sein, weil die Mauer nicht mehr steht, die DDR weg ist oder der Kaiser tot. Taxifahrer sollten sich nicht auf Diskussionen mit den rechthaberischen Tieren einlassen, auch wenn die darauf bestehen, dass es »da links« zum Elefantenführerhauptquartier geht.

Besonders Afrikanische Elefanten sind sehr gesellig und bevorzugen Gruppenurlaub. Dabei kommt es häufig zu Auseinandersetzungen mit Reiseleitern, die nicht als Leitbullen anerkannt werden. Elefanten gelten andererseits als feinfühlig, sie wollen nicht auffallen und haben das Bedürfnis, in der Menge zu verschwinden. Unter Alkoholeinfluß (Sangria aus dem Eimer!) entwickeln sie sich dann aber häufig zu regelrechten Stimmungskanonen. Während eines Miles-Davis-Konzerts in London 1972 erklommen drei Tiere die Bühne, um den Trompeter zu unterstützen, und zertrampelten das Schlagzeug sowie den Bassisten. Miles Davis bedauerte den Vorfall, lobte aber die unglaubliche Atemtechnik des Trios.

Elefanten haben eine unselige Vorliebe für Zimmer mit Balkon. Hier ist Fingerspitzengefühl vom Personal gefordert. Ebenso sollte man Klaviere aus dem Weg räumen, denn Elefanten sind als miserable Pianisten gefürchtet, und was viel unangenehmer ist: Sie könnten

HM... IHR GESICHT KOMMT MIR BEKANNT VOR... IRGENDWO HAB ICH SIE SCHON MAL GESEHEN...
ICH HABE VOR FÜNF MINUTEN IHRE BESTELLUNG AUFGENOMMEN, MEIN HERR!
TJA, MEIN MANN VERGISST EBEN NICHTS!

die Tasten wiedererkennen. Im Bad sollten genügend Handtücher zur Verfügung stehen, ein leistungsstarker Fön sowie Wattepfähle (Q-Tips forte) für die Ohrenpflege. Gäste in benachbarten Zimmern müssen unbedingt auf mögliche Lärmbelästigungen hingewiesen werden, denn Elefanten haben »die Lizenz zum Tröten«.

Zugbegleiter sollten sich merken, dass ein allein reisender Elefant mindestens vier gültige Bahncards benötigt, um den Fahrpreis zu halbieren. Und so nahe liegend der Gedanke auch scheinen mag: Elefanten wollen nicht mit Gepäckaufklebern versehen und als Sperrgut verschickt werden. Der Umgang mit durchreisenden Elefanten ist ansonsten eigentlich unproblematisch. Zollbeamte sollten allerdings wissen: Elefanten sind keine Elfenbeinschmuggler.

Lieblingsfilm: *Der Mann ohne Gedächtnis*
Lieblingsstadt: Rüsselsheim

Reisebüro
Schülbe
ANGEBOT IM
PORZELLANLÄDEN
• IN DER PROVENCE
• IN FERNOST
• AUF DEN

– DER NACKTMULL –

Es ist ein Irrtum zu glauben, man treffe am FKK-Strand nur Nacktmulle. Was dort wie ein Nacktmull aussieht, ist meistens ein Studienrat aus Erlangen oder eine Reformhausfachverkäuferin aus Butzbach. Der Nacktmull dagegen kann sich überhaupt keinen Urlaub leisten, er ist so unglaublich arm, dass er noch nicht mal was zum Anziehen hat.

– DER BÄR –

In der warmen Jahreszeit sind Bären sehr beschäftigt. Wer im Frühjahr einen Bären auf der Straße anspricht, bekommt gerne zur Antwort: »Keine Zeit, ich muss zunehmen.« Deshalb sollte man im Frühjahr auch besser keine Bären ansprechen, sonst könnte man schnell zum Kalorienspender umfunktioniert werden. Ende März trifft man auf Flohmärkten leicht heruntergekommene Bären, die dort ihren Winterpelz zum Kauf anbieten. Bären aus besseren Höhlenvierteln lassen sich dagegen ihren Sommeranzug maßschneidern und schicken ihre Angestellten zum Lachsfischen. Jeder kennt die malerischen Bilder, wenn die mächtigen Tiere, mitten im reißenden Fluss stehend, die Lachse aus der Luft fangen. Kaum jemand weiß, dass alles abgesprochen ist. Ein gut eingespieltes Team von Grizzlybären und Lachsen bringt es in der Stunde auf einen Verdienst von bis zu 10 000 Dollar, vor allem wenn Tierfilmer der BBC in der Nähe sind. Weniger geschickte Bären verdienen sich ihren Lebensunterhalt mit Campingplatzterror oder als Werbeträger für Kondensmilch und Toilettenpapier.

Im Herbst werden Bären dann sehr, sehr müde und schlafen auf der Stelle ein. Es kann überall passieren: vor der Ampel, am Bahnschalter oder am Honigregal im Supermarkt. Für die Tourismus-Industrie ist der Bär von Oktober bis März eigentlich ein kompletter Ausfall. Da verschläft er die beste Urlaubszeit und verpasst unbezahlbare Gelegenheiten, sein Geld auszugeben. Dieses geschäftsschädigende Verhalten hat Reiseveranstalter nicht ruhen lassen. Seit einigen Jahren bietet »Dr. Petz Reisen« ein Arrangement namens »Schweiz im Schlaf« an. Im Prospekt heißt es: »Wir transportieren Sie in unserem Bärenspezialtransporter sanft durch die herrliche Alpenlandschaft der Schweiz. Unsere geschulten Mitarbeiter fotografieren Sie vor der beeindruckenden Bergkulisse von Zermatt, St. Moritz oder Davos. Ein herrliches, einmaliges Andenken für Ihre Lieben. Abends werden Sie in ausgesuchten Fünf-Sterne-Hotels winterschlafen wie noch nie. Und das alles zu saubären Preisen!« Das Ganze ist leider ein einziger gigantischer Betrug. Die schlafenden Bären werden einfach in ein Fotostudio

Davos

verfrachtet, in einer halben Stunde vor verschiedenen Fototapeten mit Bergmotiven abgelichtet und anschließend wieder in ihrer Höhle abgeladen. Ob sich dafür 2500 Euro pro Bär tatsächlich lohnen, muss sich jedes Tier genau überlegen, selbst wenn in diesem dubiosen Angebot die »Skileihgebühr für 5 Monate« und ein »lustiger Bärenwecker mit Biene-Maja-Motiven« inbegriffen ist.

Seriöser ist da schon das Angebot des »Prankenpark-Hotels« in Garmisch-Partenkirchen, das vom 15. Oktober bis zum 15. März »Powersleeping in der Buchinger Fastenklinik« anbietet. Jedes Zimmer natürlich mit garantiert schlechter Aussicht, denn darauf legen Bären Wert. Da ist »Abnehmen im Schlaf« angesagt, mit »Höhlenmeditation«, und beim Aufwachen erwarten die Bären ein sechstägiges »Heilfressen« mit einem reichhaltigen Lachsbüffet sowie ein Honigpräsentkorb. In der »Grizzly-Lounge« serviert man »Rehkitz im

St. Moritz

Chamonix

Speckmantel mit Eisbeinknödeln«. Zum Abschied erhält jeder Bär eine Anstaltspackung »Fettlebertran«. Für viele Bären, die ihren Winterschlaf im Hotel abhalten, gibt es ein böses Erwachen, wenn sie eine Telefonrechnung in Millionenhöhe präsentiert bekommen, weil sie angeblich über einer 0190-Nummer eingeschlafen sind. Billigere Hotels und Pensionen scheuen oft nicht davor zurück, ihre schlafenden Gäste als Kaminvorleger oder »Rheumadecke aus 100% Naturmaterial« an andere Urlauber zu verleihen. Und der Bär muss schon froh sein, wenn er nicht als Mantelkragen, Autositzbezug oder Wandbehang aufwacht.

Lieblingsbuch: *Schlafes Bruder*
Lieblingslied: *I'm only sleeping*
Lieblingsfilm: *The Big Sleep*

ZZZZZ

– DIE SCHLANGE –

Im Sommer, wenn im Radio von langen Schlangen vor den Abfertigungsschaltern berichtet wird, packen Anacondas sofort die Koffer. Diese normalerweise kaltblütigen Tiere fuhren auch noch vor wenigen Jahren begeistert in die Sowjetunion, nach Polen oder Bulgarien, weil sie von endlosen Schlangen vor Geschäften gehört hatten. Anacondas, Kobras und Nattern reisen meist locker aufgewickelt, aber auch in Kabelschächten der Business-Class, in den Armstützen der 1. Klasse im ICE, in Faxrollen, in Radkappen oder als Keilriemen von Überlandbussen. Schlangen sind hauptsächlich an Kulturreisen interessiert, man kann sagen, sie haben Kultur geradezu verinnerlicht. Sie verschlingen alles, was es zu einem Thema gibt: Fremdenführer, Bibliothekare, Wissenschaftler und Diaprojektoren. Natürlich muss so viel Wissen erst mal verdaut werden. Ein Vertreter eines 20-bändigen Nachschlagewerks liegt einer Anaconda etwa 36 Stunden im Magen.

Anacondas führen ihren Reiseleiter stets mit sich

4

SIE WOLLTEN EINE BETTVERLÄNGERUNG?

Mehrmals im Jahr lassen Schlangen ihre Haut irgendwo herumliegen. Daraus macht man dann Krokodillederhandtaschen oder schlangenhautenge Hosen. Auf den ersten Blick wirken Schlangentouristen bedrohlich. Ja man sagt sogar, sie seien in der Lage, andere Lebewesen zu hypnotisieren. Vor allem, wenn es um das Bezahlen von Rechnungen geht, setzen Schlangen diese Fähigkeit gerne ein. Kellner, Hoteldirektoren und Autovermietern ist es strikt untersagt, Schlangen in die Augen zu schauen, trotzdem muss man bezweifeln, dass es überhaupt Schlangen gibt, die jemals eine Rechnung bezahlt haben. Abgesehen von der Blindschleiche, die ja auch gar keine Schlange ist – sondern eine Blindschleiche, wie der Name schon sagt. Blindschleichen bezahlen alles unbesehen.

Schlangen haben durchaus Sinn für Humor. Im Urlaub nehmen sie gerne an Gartenschlauchähnlichkeitswettbewerben teil, wo sie häufig vordere Plätze belegen. Sie schleichen sich aber auch in die Auslagen von Fischgeschäften ein. So mancher »frisch gefangene Aal« entpuppt sich zu Hause als Schwarze Mamba. Auch der Notarzt wundert sich dann später über die Bisswunden, die so ein Aal hervorrufen kann.

Es existieren 13 332 verschiedene Arten von Schlangen, doch ähnlich wie bei Chinesen ist es gar nicht so leicht, die einzelnen voneinander zu unterscheiden. Wobei es nur sehr wenige giftige Chinesen gibt. Allgemein kann man sie, also die Schlangen, nicht die Chinesen, in vier Kategorien einteilen: lange, kurze, ungiftige und giftige. Daneben gibt es noch Warteschlangen, Luftschlangen und falsche Schlangen. Die giftigen Schlangen teilt man in der Hotelbranche mit einem scharfen Tranchiermesser oder in ziemlich giftige, sehr giftige sowie Ehrengäste ein. Grundsätzlich beißen Schlangen aber nur zu, wenn sie sich bedroht fühlen; Zahlkellner, Schaffner, GEZ-Mitarbeiter und Politessen sollten sich also zu keiner unbedachten Bewegung hinreißen lassen.

Erfahrene Hoteliers platzieren Anacondas, Boas und andere Würgeschlangen etwas abseits vom Rest der Gäste im Speisesaal. Der Anblick einer Riesenschlange, die gerade ihren Marmeladentoast oder Milchkaffee vor dem Verzehr erwürgt, kann empfindlichen Gemütern gerade in den Morgenstunden auf den Magen schlagen – vor allem, wenn nebenan ein Kaninchenkegelclub frühstückt.

Lieblingsbücher: Alle Nachschlangewerke
Lieblingssong: *Mamba No. 5*
Lieblingsserie: *Kobra, übernehmen Sie*

– DAS CHAMÄLEON –

Sehr rätselhafter Urlauber. Verschmilzt mit seiner Umgebung, ist also auf Ferienbildern nie zu sehen. Zugbegleiter treibt diese Fähigkeit zur Verzweiflung. Noch nie hat man ein Chamäleon beim Kauf einer Fahrkarte beobachtet, doch weiß man, dass täglich Tausende auf Deutschlands Schienennetz unterwegs sind. Sie nehmen die Farben der Sitzpolster an, aber nur die der ersten Klasse. Wird mal ein Chamäleon erwischt, heißt es: »Ich wollte ja eine Fahrkarte kaufen, aber die Schaffner tun immer so, als würden sie mich nicht sehen.« Die Fähigkeit, sich seiner Umgebung perfekt anzupassen, teilt das Chamäleon mit der Amöbe. Forscher bezweifeln deshalb, ob sie überhaupt existieren oder ob nicht alle Chamäleons eigentlich Amöben sind.

– DAS NASHORN –

Nashörner sind bekanntlich extrem kurzsichtig. Reiseveranstalter nutzen diesen Umstand schamlos aus. Sattelschlepperladungen von Nashörnern werden zu Wucherpreisen sechs Stunden im Kreis herumgefahren. Angeblich haben die Tiere dann London, Paris, Rom, Wien, Budapest, Prag, Moskau und Hannover besichtigt. Instinktiv fühlen die sensiblen Nashörner, dass man ihnen übel mitspielt. Daraus resultiert ihre zweite hervorstechende Charaktereigenschaft: der Jähzorn! Die geringste Kleinigkeit kann sie in völlige Rage versetzen. Ein Andenkenverkäufer in Berlin, der einem Nashorn einen Eiffelturm aus Brötchenteig als Originalbronzeabguss des Brandenburger Tors verkaufen wollte, wurde von dem Tier über den halben Erdball verfolgt und schließlich in der Nähe von Pisa zur Strecke gebracht.

ACHTUNG!
SCHWER-
TRANSPORT

GÜNTHART-REISEN

Nashörner kaufen liebend gerne Souvenirs, allerdings sind sie selber nur allzu oft das Opfer von gewissenlosen Andenkenjägern, die es auf das Horn der Tiere abgesehen haben. Dem Nashorn, also dem Horn des Nashorns, werden in vielen Ländern Wunderkräfte zugeschrieben. Chinesen schätzen das zu einem Pulver zerriebene Horn als Potenzmittel (extrem wirksam, wie 1,2 Milliarden Chinesen beweisen!), das neue Persil mit Nashornextrakt stärkt Hemdkragen und Tischtücher, englische Hausfrauen benutzen das ganze Horn als Topfauskratzer, Eierpikser und Dosenöffner, in Japan macht man daraus Wikingerhelme, und in Dubai missbrauchen vermögende Ölscheichs das Horn als Garderobenhaken. Die Nashörner verdienen keinen Cent an dem schwunghaften Handel, und wegen ihrer Sehschwäche bekommen sie den Horndiebstahl zunächst oft gar nicht mit. Die Tiere selber benötigen das Horn dringend zum störungsfreien Fernsehempfang und zum Lochen von Dokumenten. Deshalb sind inzwischen die meisten Hörner mit einer Alarmanlage versehen.

WENN ICH SAGE, DAS HAT KORK, DANN HAT DAS KORK! SCHNURCH!

Männliche Nashörner interessieren sich für militärische Geräte wie Panzerkreuzer, Nashornkühe beschäftigen sich mit Patchworkarbeiten. In Hotels erkennt man Nashörner daran, dass sie ein »Zimmer mit Spezialglas« verlangen, d.h., das Fenster muss so geschliffen sein, dass die Kurzsichtigkeit der Tiere ausgeglichen wird. Nashörner sind üblicherweise in Begleitung unterwegs. Bislang glaubten Forscher, es handle sich um Vögel, die den Panzer der Tiere von Parasiten reinigen – inzwischen weiß man, es handelt sich um Augenärzte. Von einem Nashorn können sich bis zu fünf Kassenmediziner über dreißig Jahre lang ernähren, ohne dass sich die Sehkraft des Tieres entscheidend verbessern würde.

Lieblingsbuch: *Die Nase*
Lieblingssong: *Hornquintett in c-Moll*
Lieblingsfilm: *Pinocchio*

Quittungen für Reisespesen

– DER LEMMING –

Reisende Lemminge machen ihre Umwelt nervös. Ihnen geht ein unheimlicher Ruf voraus, denn sie kennen angeblich nur ein Ziel: die nächste Klippenkante. Von da ab geht es steil in die Tiefe. Reiseunternehmer kassieren deshalb immer vor Antritt der Fahrt, danach könnte beim Lemming nichts mehr zu holen sein. Um kein Aufsehen zu erregen, kaufen Lemminge immer Rückfahrkarten. Sie sind nicht besonders gesprächig und behaupten, sie seien geschäftlich unterwegs. Sie kleiden sich dezent bis unauffällig und geben sich gerne als Sachbearbeiter oder Sparkassenfilialleiter aus. Nach 18 Uhr sind die 1.-Klasse-Abteile der Züge voll von Lemmingen. Es soll allerdings auch schon vorgekommen sein,

dass sich Geschäftsleute als Lemminge ausgegeben haben. Ein beliebter Trick, um den steuerfreien Lemmingzuschlag (3200 Euro!) und Klippenkantenausgleichsabgabe (1245 Euro!) zu kassieren.

Nicht alle Lemminge sind auf dem Weg zur nächsten Klippenkante, aber irgendwann will jeder Lemming dahin. Das hat Tradition. So wie jeder gläubige Moslem einmal im Leben nach Mekka gepilgert sein muss, so will jeder Lemming zumindest einmal am Rand einer Klippe stehen. In jedem Lemmingwohnzimmer sieht man Dutzende von Klippenfiguren aus Gips, Holz oder Blech. Schuld an diesem Klippenkult ist ein Vorfall während eines Betriebsausflugs der Lemming-Lamminat KG aus Bergen im Jahre 1912. Etwa 20 Angestellte der Buchhaltung waren in angetrunkenem Zustand einer steil abfallenden Felsenkante zu nahe gekommen und stürzten in die Tiefe. Ein zufällig anwesender Reporter berichtete über den Vorfall, und seitdem glaubt man, dass Lemminge sich von Klippenkanten in den Tod stürzen. Seitdem pilgern auch Lemminge, die wissen, was sie ihrem Ruf schuldig sind, geradezu fanatisch zu jeder erreichbaren Kante – zur Freude von Pauschalreiseveranstaltern. Ein cleverer Busunternehmer bietet »Klippenreisen zu Lemmingpreisen« an. Er fährt die Lemminge einmal um den Block und kippt sie einfach in eine Baugrube. Nicht schön, dafür aber billig. Es wäre jedoch falsch, die Lemminge zu bedauern, denn sie denken sowieso nicht daran, in den Tod zu springen. Stattdessen sind viele von ihnen als Schnorrer unterwegs, die oft sehr erfolgreich auf das Mitleid ihrer Umwelt spekulieren. »Wissen Sie, ich habe nicht mehr lange zu leben, übermorgen geht mein Bus zur nächsten Klippe.« »Ach, Sie sind Lemming? Das tut mir aber leid! Hier haben Sie 1000 Euro, machen Sie sich noch ein paar schöne Stunden.« Mit dieser Masche können Lemminge jahrzehntelang überleben, ohne einen Schlag zu arbeiten.

Lieblingsautoren: Stanislaw Lem, Alexander Lemming-Holenia
Lieblingsschauspieler: Jack Lemmon
Lieblingssänger: Cliff Richard

– DER PANDABÄR –

Der Große Bambus- oder Pandabär gehört zu den eifrigsten Reisenden. Er ist immer unterwegs, denn er liebt den Verkehr. Ja man muss der Wahrheit ins Auge sehen, der Pandabär ist ein besessener Sextourist. Kein Wunder, es gibt auf der Welt nur noch 143 Pandabärinnen, und die kennt ein Pandabär eigentlich alle. Mit einigen ist er gegangen, mit zweien war er verheiratet, dann sind da noch die Freundinnen seiner Ex, die zu viel über ihn wissen, nicht zu vergessen Helga und Chelsea, die höchstwahrscheinlich lesbisch sind (jedenfalls sagt das Cheng, der ja auch kein Bär von Traurigkeit ist). Die letzten allein stehenden Pandabärinnen leben in prächtigen Häusern mit ausgedehnten zoologischen Gärten drum herum, die allerdings gut bewacht sind. Herrenbesuch ist nur nach Voranmeldung möglich.

Viele zweifelhafte Reiseorganisationen machen sich den sexuellen Notstand der Bären zunutze und organisieren Touren zu Orten, an denen sich »sexy young panda-girls« aufhalten, die schon sehnsüchtig auf »potente Bären« warten. In fast allen Fällen handelt es sich dann aber um arbeitslose russische Kragenbärinnen oder heroinsüchtige Orang-Utans in Pandabär-Kostümen. Im Rotlichtbezirk von Zürich wurden 1997 sogar zwei lieblos kostümierte Okapis aufgegriffen, die sich als Panda-Dominas ihr Geld verdienten. Die liebestrunkenen Pandaherren merken den Schwindel erst, wenn die zweifelhaften »Damen« mit ihrem Lohn über alle Berge sind. Nur allzu häufig fällt den düpierten Bären aber überhaupt nichts auf, und es kommt zu Eheschließungen mit Kängurus, Ameisenbärinnen oder Erdferkelinnen. Das erklärt, warum es kaum noch Pandas gibt.

Es soll aber auch nicht verschwiegen werden, dass Pandabären, ganz gleich welchen Geschlechts, äußerst unangenehme Gäste sind, die von Hoteliers und Restaurantbesitzern auf der ganzen Welt gefürchtet werden. Sie versuchen auf Schritt und Tritt, aus ihrer Top-Position auf der Roten Liste Kapital zu schlagen, und verweigern grundsätzlich die Bezahlung mit dem Hinweis: »Schicken Sie die Rechnung an den WWF.« Kellner, die sich weigern, einen Pandabären zu bedienen, müssen sich auf peinliche Szenen gefasst machen, in deren Verlauf der unverschämte Bär gerne in pathetischem Tonfall ausruft: »Wollen Sie etwa, dass ich noch heute Abend aussterbe?«

Lieblingssong: *I can't get no satisfaction*
Lieblingsfilme: *Der rosarote Panda, Ein Fisch namens Panda*

– DER HUND –

Der Mensch ist der beste Freund des Hundes, aber hin und wieder brauchen die beiden auch mal etwas Abstand. Zur Ferienzeit lassen sich Hunde deshalb gerne an Autobahnraststätten anketten. Dort warten sie so lange, bis sie jemand losbindet, und dann machen sie Urlaub bei ihrem Retter. Nicht nur deshalb gelten die Tiere als intelligent. Ihre Leistungen bei der Zeitungszustellung und beim Männchenmachen sind erstaunlich, legendär ist aber vor allem ihr unglaublicher Orientierungssinn. Der hilft ihnen bei der Suche nach Restaurants, die Pansenteller und Innereien al dente anbieten, und beim Auffinden von Sehenswürdigkeiten. Durch die Presse ging der Fall von »Scooter«, einem Golden Retriever aus Chicago, der Tausende Meilen von zu Hause in einer kalifornischen Kleinstadt ausgesetzt wurde. Dank seiner fantastischen Orientierung fand er den Weg zur Jobvermittlung und leitet heute »Doggy Cars«, das größte Gebrauchtwagencenter am Platz. Seine Kunden behaupten, Scooter sei »ein ganz ausgekochter Hund«.

– DER STRAUSS –

Im Gegensatz zum Menschen oder zum Pinguin weiß der Strauß ganz genau, dass er nicht fliegen kann. Es ist deshalb fast unmöglich, einem dieser Laufvögel einen Charterflug aufzuschwatzen. Ein Flugzeug betritt der Strauß nur unter Protest – und er sitzt immer in der Mitte zwischen zwei Psychiatern, die ihm die Flugangst nehmen wollen. Doch darauf lässt sich der Strauß nicht ein, die Flugangst ist schließlich das Beste, was er hat. Ein Nordseeurlaub verläuft für die meisten Strauße tödlich. Bei Ebbe rennen die lauffreudigen Tiere oft sehr weit hinaus. Kommt das Wasser zurück, ist es um sie geschehen, denn bei Gefahr steckt der Strauß automatisch den Kopf in den Sand.

– DAS EICHHÖRNCHEN –

In der Sprache der Schwarzfuss-Indianer heißt das Eichhörnchen »Ssuh-Yo-tin«, was so viel heißt wie: »Tier-das-niemals-verreist«. Tatsächlich haben Eichhörnchen die allergrößten Schwierigkeiten, ihren Urlaub anzutreten, denn sie können ihren Koffer nicht finden. Im Herbst haben sie ihn sorgfältig vergraben, doch wenn dann der Sommerurlaub ansteht, können sie sich nicht mehr erinnern, wo der Koffer liegt. Dabei sind Eichhörnchen nicht einmal besonders vergesslich, sie verlieren einfach irgendwann den Überblick. Eichhörnchen vergraben gewohnheitsmäßig alles, nicht nur den Koffer, auch den Reisepass, die Kreditkarte, die Flugtickets, die Regenjacke und zwangsläufig auch die Liste, auf der alle Grabstellen verzeichnet sind. »Seit Jahren schicken wir Flugblätter an alle Haushalte, in denen dazu aufgerufen wird, die Liste nicht zu vergraben, aber es hat keinen Zweck«, erklärt der Vorsitzende der Eichhörnchen-Gewerkschaft, »dieser Vergrabimpuls sitzt bei uns einfach zu tief, das muss genetisch sein, so was kriegen Sie nicht raus.« Vor allem, wenn alle Eichhörnchen auch noch das Gewerkschaftsflugblatt ungelesen unter der Erde ablegen.

Trotz dieser Hindernisse gelingt es Eichhörnchen immer wieder zu verreisen. Sie fahren einfach mit uns. Fast jeder Mensch hat schon einmal ein Eichhörnchen zu seinem Urlaubsziel gebracht. Wenn Sie gerade unterwegs sind, werfen Sie einen Blick in Ihren Koffer, vor allem auf Ihren Rasierpinsel. Wenn er entfernt an einen Eichhörnchenschwanz erinnert, dann

TEUFEL! WO UM ALLES IN DER WELT HAB ICH DENN BLOSS MEINEN RASIERPINSEL GELASSEN?

wird es wohl auch ein Eichhörnchenschwanz sein, und das dazugehörige Eichhörnchen hängt für gewöhnlich an genau diesem Eichhörnchenschwanz. Man kann sich mit Eichhörnchen übrigens nur sehr schlecht rasieren. Obwohl sie leicht schäumen, liegen sie sehr unruhig in der Hand. Meistens sind sie aber schon aus dem Kulturbeutel verschwunden, bevor sie als Rasierpinsel arbeiten müssten. Jüngere und kräftigere Tiere tarnen sich gerne als Fuchsschwänze. Zur Not reisen sie auch als Kuscheltiere, Bücherstützen oder Wackeldackel. Manche Tiere buchen aber lieber Spezialreisen, bei denen der Veranstalter am Ankunftsort mehrere Koffer versteckt, die dann erst aufgespürt werden müssen.

Am Strand sollte man sich besser von Eichhörnchen fernhalten, weil man sonst Gefahr läuft, vergraben und vergessen zu werden. Eichhörnchen aus ländlichen Gebieten bevorzugen Städtereisen. Wichtig ist für sie, dass an ihrem Urlaubsort alles zubetoniert ist, damit sie nicht schon wieder ihrer unseligen Veranlagung nachgeben müssen. Parkhäuser, Einkaufszonen und Plattenbausiedlungen sind Traumreiseziele für Eichhörnchen.

Lieblingsbuch: *Vergrabt mein Herz an der Biegung des Flusses*
Lieblingsdichter: Eichendorff
Lieblingslied: *Tie a yellow ribbon 'round the old oak tree*

Stadtrundfahrt

– DAS HUHN –

Wenn Hühner verreisen

– DAS FAULTIER –

Faultiere sind besessen von der Idee zu reisen, sie kommen leider nur so schlecht weg. Sie stehen unter Naturschutz, das heißt, sie arbeiten für verschiedene Umweltorganisationen oder in der Verwaltung von Regenwaldreservaten. Arbeiten ist allerdings etwas übertrieben, die meiste Zeit hängen Faultiere einfach nur so rum. Selber kämen sie allerdings noch nicht mal auf diese Idee, sie werden am Anfang des Jahres von Wildhütern in genau festgelegten Abständen in die Bäume gehängt, fressen alle Blätter ab und warten, bis man sie umhängt.

Insgeheim träumen sie aber davon, mal richtig Abstand von allem zu haben. Vor allem wollen sie Europa besuchen. Reiseunternehmer haben sich diese Sehnsucht zunutze gemacht und betreiben florierende Büros in den Kronen der Regenwaldbäume. Erfahrene Reiseleiter nehmen die Tiere am festgelegten Termin ab und transportieren sie in die verschiedensten europäischen Städte. Während der Sommersaison hängen Faultiere am Eiffelturm, der Seufzerbrücke, dem Schiefen Turm von Pisa oder Herrenchiemsee. Sie hängen in den Cafés an den Champs-Elysées herum, genau wie in den Pubs von Dublin oder den Pizzerien rund um die Piazza Navona oder auf den Ramblas von Barcelona. Häufig treten Faultiere gar nicht erst die Rückreise an und verdienen sich ihren Lebensunterhalt als Hängelampen oder andere Einrichtungsgegenstände. Hängeschränke, deren Türen sich schlecht öffnen lassen, könnten zu 100% aus Faultieren bestehen. Auch am Postschalter lohnt es sich, genauer hinzuschauen. Häufig denkt man, der Beamte sei tot oder zumindest eingeschlafen, in Wirklichkeit ist es ein Faultier. Gerüchte, nach denen 30% der Gemälde, die im British Museum hängen, Faultiere sein sollen, entbehren jeder Grundlage. Richtig ist jedoch, dass Georg Baselitz 1999 eine Ausstellung in Berlin mit 22 signierten Faultieren geplant hatte, die jedoch von Greenpeace verhindert wurde. In ihrer Heimat lassen sich Faultiere auch gerne von Flüssen mitreißen oder von Wirbelstürmen durch die Luft wirbeln. Sie wirken dann oft etwas haltlos.

Auf uns Menschen machen Faultiere ganz unbestreitbar einen extrem schläfrigen Eindruck. Doch das Gegenteil könnte der Fall sein. Ein schwedischer Wissenschaftler glaubt, Faultiere bewegen sich mit Lichtgeschwindigkeit, ihre Bewegungen sind für das menschliche Auge einfach zu schnell, wir erleben sie also als völlig träge, geradezu unbeweglich. »Doch in einer Zehntelsekunde können Faultiere einen ganzen Jahresurlaub mit dreiwöchigem Wellness-Aufenthalt, Adventure-Tour und Fun-Rafting hinter sich bringen, während wir glauben, sie würden sich die ganze Zeit an ihrem Lieblingsast festklammern«, erklärte Dr. Lars Lindström von der Uni Stockholm während einer Pressekonferenz, bei der er mit dem Kopf nach unten an seinem Elektronenmikroskop hing.

Lieblingsbuch: *Sorge dich nicht, hänge*
Lieblingssongs: *Hang on Sloopy, Lazy Sunday Afternoon*
Lieblingssänger: Hank Williams

Herr Schulze plant eine Reise

GÜNTHER! SCHULZES SIND WIEDER DAHEIM!
SCHULZE
LEBER-WURST
LEBER-WURST

– DER LÖWE –

Löwen verreisen ungern, sie sind einfach zu beschäftigt. Wer denkt, dass sie den ganzen Tag nur in der Savanne herumliegen, macht sich keine Vorstellung davon, was so ein Tier zu tun hat. Löwe ist ein knallharter Job, eine Führungsposition in einem mittelständischen Rudel ist hart erkämpft und muss jeden Tag aufs Neue verteidigt werden.

Als König der Tiere trägt der Löwe aber auch soziale Verantwortung, und das bedeutet vor allem Unmengen Papierkram. Die Gewerkschaft der Antilopen schickt einen Beschwerdebrief wegen der Aufhebung des Nachtjagdverbots, die Hyänen verweigern den Spitzenabgabesatz von 100% der Beute, und die Nationalparkverwaltung verlangt »etwas mehr Enthusiasmus«, wenn Besucher mit Kameras auftauchen. Der Löwe hat schließlich Repräsentationspflichten.

Und der Löwe hat pädagogische Aufgaben, zum Beispiel Junglöwen auf die Rudelführerscheinprüfung vorzubereiten. Für die theoretische Prüfung muss er sich neue Fragen ausdenken: »Sie stehen an einer Ameisenkreuzung, von rechts nähert sich eine Gazelle mit Anhang, von links ein älteres, zähes Gnu und von vorne ein unbeleuchteter Lastelefant. Welches Tier hat Vorfahrt und wird zuerst gegessen?« Tiere, Formulare, Fragebögen – der Löwe bedauert es häufig, dass der Reißwolf in Afrika ausgestorben ist – woran er leider nicht ganz unbeteiligt war.

Wir sehen, das soziale Leben in der Savanne gestaltet sich kompliziert, man kann da nicht einfach mal in Urlaub fahren. Fällt nur ein Tier aus, bricht das Chaos herein. Wenn der Löwe Hunger hat, ruft er zum Beispiel den Gepard an. Der Gepard rennt los, besorgt mit Höchstgeschwindigkeit ein Gnu, Hyänen verwalten als Zwischenhändler die Beute, so lange bis der Löwe mit seiner Familie erscheint und sich bei allen für den selbstlosen Einsatz bedankt, bevor er das Gnu zum weiteren Verzehr übernimmt.

An dieses Ritual hat sich der Löwe so gewöhnt, dass er es auch im Urlaub nicht missen möchte. Eine Löwenfamilie verreist immer mit zwei Geparden, zehn Hyänen und zwanzig Antilopen als Handgepäck. Viel zu schleppen, aber dafür bekommt er mit der Rudelcard bei der Bahn Prozente. So spart er bares Geld und muss nicht selber jagen. Im Urlaub geht er auf Wunsch der Frau zum Friseur (»Sie müssen mal was mit der Mähne meines Mannes machen«), genießt Ferien auf dem Bauernhof, wobei er viel Wert auf Massentierhaltung legt. Auch ausgedehnte Besuche im Supermarkt stehen auf dem Programm. Dort interessiert er sich besonders für die Zebratheke oder das Gazellenkühlregal, scheut aber im Notfall auch nicht vor biologischem Gnuhack zurück. Am liebsten geht der Löwe aber auf Schnäppchenjagd in der Fußgängerzone.

Lieblingsbuch: *Der Löwe ist los*
Lieblingssongs: *The lion sleeps tonight, Only Gnu*
Lieblingsfilm: *Der Löwe Jonathan*

– DAS KROKODIL –

Das Krokodil gehört zu den ältesten Lebewesen auf unserem Planeten. Schon zu Saurierzeiten kamen die Reptilien auf der ganzen Welt herum. Deshalb haben Krokodile vor allem eins gelernt: warten. Krokodile sind wahre Meister im Warten. Sie warten und lauern auf die günstigsten Reiseangebote. Ob im Sumpf, an der Wasserstelle oder am Last-Minute-Schalter, mit ziemlicher Wahrscheinlichkeit liegt irgendwo ein Krokodil herum und wartet. Und lauert. Tagelang, wochenlang, jahrelang, wenn es sein muss jahrhundertelang. Das Krokodil hat Zeit. Es hat nichts gelernt außer warten, und deshalb kann es auch nichts anderes als warten. Vor dem Zarenpalais in St. Petersburg kann man täglich Hunderte von Krokodilen beobachten, die dort auf die Rückkehr des Bernsteinzimmers warten. Die Angst mancher Kinder vor Krokodilen unter dem Bett ist auch nicht so unbegründet, wie Eltern meinen. Krokodile wohnen oft jahrelang unter dem gleichen Hotelbett, werden aber selten im Speisesaal gesehen. In den langen Wartereihen vor dem Vatikanischen Museum treffen wir mit Sicherheit auf Krokodile. Sie ernähren sich dort von Kunstfreunden oder Kurienkardinälen. Wartesäle, Wartezimmer und Warteschleifen sind beliebte Krokodilaufenthaltsorte, wobei die Tiere natürlich auch gerne Wartungsarbeiten verrichten. Im Grunde ihres Herzens sind Krokodile sehr schüchtern. Gerne würden sie mit anderen Tieren zur Musik von Georg Philip Telemann über die Werke Friedrich Schlegels diskutieren. Aber dann würden sie ihren Job als letztes Glied in der Nahrungkette verlieren und müssten nochmal ganz unten als Aushilsbeutetier anfangen. Das sind die Schattenseiten des Darwinismus.

Um Geld zu sparen, reisen Krokodile oft als Baumstämme und lassen sich die Flüsse hinabtreiben. Bei näherem Hinsehen entpuppen sich auch viele Holzlaster auf unseren Autobahnen als Krokodilgruppenreisen. Es wurden auch schon Krokodile gesehen, die als Damenhandtasche oder Herrenschuh unterwegs waren.

Wunderschön ist der Gesang der Krokodile. Wer ihn einmal gehört hat, wird ihn nie vergessen. Jedenfalls behaupten das die Krokodile. Sie empfehlen interessierten Musikfreunden, man könne den Gesang am besten im Inneren eines Krokodils genießen. Vor allem Grundschullehrerinnen aus Tübingen und Bewegungstherapeuten aus dem Großraum Oldenburg fallen immer wieder auf diesen Trick herein. Man kann davon ausgehen, dass mehr Menschen in Krokodilen als auf Krokodilen verreisen.

Lieblingsreiseziel: Wartburg
Lieblingsbuch: *Warten auf Godot*

Unglücklicher Urlaubsflirt

Krokodil auf Reisen

– DIE GIRAFFE –

Der Albtraum für alle Touristen: In der Reisegruppe sind Giraffen. Der Blick auf praktisch jede Attraktion ist verstellt, im Theater oder Kino sieht man selber nichts, die Giraffen sehen alles, und zwar immer zuerst, und unterhalten sich lautstark darüber. Wie kann man sich vor solchen Überraschungen schützen? Fordern Sie vom Veranstalter vor Fahrtantritt eine Teilnehmerliste an. Typische Giraffennamen sind Egbert, Sören, Bärbel, Trixi oder Kevin. Verdächtig ist jeder Reisende, der zwei Einzelzimmer bucht, die »unbedingt« übereinander liegen müssen. Giraffen reisen leider ausgesprochen gerne, weil sie dabei wie kein anderes Lebewesen ihren Horizont erweitern können. In Amsterdam steigen Giraffen mit Vorliebe

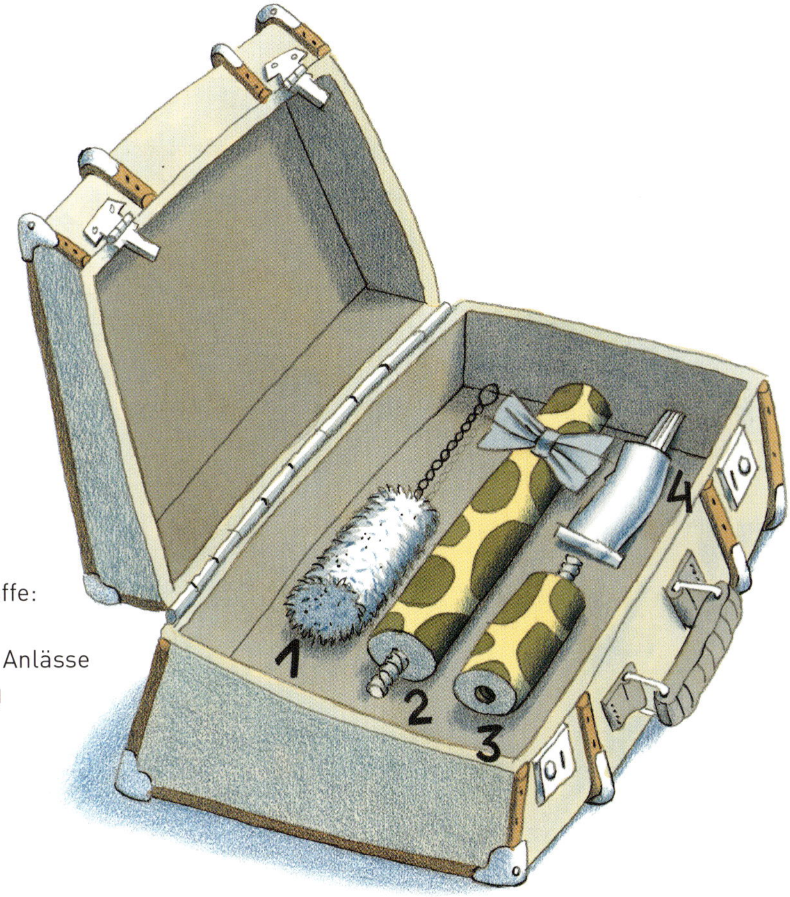

Reisekoffer der Giraffe:
1. Halsreiniger
2. Hals für festliche Anlässe
3. Halsverlängerung
4. Halsfett spezial

BITTE EIN HOHES ZIMMER!

im »Grand Hotel Frans Hals« ab, das mit »Kurzurlaub für lange Gäste« wirbt. Waschbecken und Spiegel sind unter der Zimmerdecke angebracht. Messer und Gabel gibt es in XXL. Weitere beliebte Reiseziele sind der »Lange Eugen« in Bonn sowie das Langenselbolder Dreieck. Giraffen besichtigen fast nur Kathedralen und Eiffeltürme, denn nur die wenigsten Sehenswürdigkeiten haben giraffengerechte Zugänge, und in den Galerien hängen die Bilder viel zu niedrig. Giraffen empfinden das als diskriminierend.

»Wenn ich es Ihnen doch sage! Laut Frachtbrief
ist ein Spezialfrachtcontainer A-16 bestellt worden!«

Giraffen können für ihre Umwelt eine rechte Plage sein. Sie selber werden jedoch häufig Opfer von Dieben, weil ihre Handtaschen fast fünf Meter unter ihren Augen hängen.

Nicht immer erkennt man sofort, dass man es mit Giraffen zu tun hat. Moderne Giraffen tranportieren ihren Hals in einem speziellen Koffer. So können sie problemlos das Flugzeug oder die Eisenbahn nutzen. Bei der Einreise geben sie häufig als Beruf »Okapi« an. Der Dachverband der Auslandsokapis (DAO) hat bereits mehrfach vergeblich gegen dieses Vorgehen protestiert.

Vorsicht bei Urlaubsbekanntschaften! Vergewissern Sie sich vor einer überstürzten »Verlobung unter Palmen«, ob Ihr Partner seinen Hals nicht in einem Koffer mit sich herumträgt. Kaum ist man nämlich zu Hause, wird die Giraffe ihren Hals wieder anschrauben, und dann ist der Schock groß. Etwa 95% aller Mischehen mit Giraffen scheitern, weil sich die Partner nicht in die Augen sehen können.

Obwohl Giraffen normalerweise sehr hilfsbereit sind, sollte man sich von ihnen nie fotografieren lassen – es sei denn, man bevorzugt es, aus sechs Metern Höhe aufgenommen zu werden. Zu vorgerückter Stunde kann es zu überraschenden Verbrüderungen kommen, doch das Lied »Einer geht noch, einer geht noch rein« sollte man nie zu wörtlich nehmen, wenn Giraffen im Raum sind – denn was in Giraffen noch reingeht, geht auf keine Kuhhaut.

Lieblingsbuch: *Der kurze Brief zum langen Abschied*
Lieblingslieder: *Hoch auf dem gelben Wagen, Eight miles high*
Lieblingsreiseländer: Hochland von Peru, Languedoc

– DAS NILPFERD –

Wir haben leider so gut wie keine Informationen über das Reiseverhalten von Nilpferden, aber vor ein paar Wochen saßen wir mit einem Nilpferd im gleichen Abteil. Das Nilpferd packte plötzlich ein großes Leberwurstbrot mit Gurken aus und wollte uns in ein Gespräch über seltene Münzen aus Schlesien verwickeln. Als die Fahrkarten kontrolliert wurden, stellte sich heraus, dass das Leberwurstbrot längst abgelaufen war. Das Nilpferd musste ein neues kaufen. Wohin fuhr das Nilpferd? Wir wissen es leider nicht, wir wissen nur, das Nilpferde länger unter Wasser bleiben können als Leberwurstbrote.

– MERKBLATT FÜR REISEBÜROANGESTELLTE –

Tiere sollten immer höflich und zuvorkommend behandelt werden und vor allem zum richtigen Tarif reisen. Wir merken uns:

Löwen, Hirsche, Wölfe: . . . . RUDELCARD
Wildschweine: . . . . ROTTENTARIF
Schweine, Rinder, Antilopen, Zebras: . . . . HERDENPREIS
Ratten, Nacktmulle, Lemminge: . . . . GRUPPENKARTE
Präriehunde, Schakale:. . . . . MEUTENRABATT
Paviane, Gorillas, Nasenaffen: . . . . HORDENBONUS
Krokodile: . . . . ermäßigter UNTERBETTTARIF
Gänse, Kraniche, Störche . . . . MILES & MORE
Wale . . . . SCHÜLERKARTE
Schildkröten . . . . SENIORENPREIS

Grundsätzlich gilt: Reisende, die auf der Roten Liste stehen, erhalten eine Tarifermäßigung von 50%, ausgestorbene Fahrgäste wie der Riesenalk oder der Tasmanische Beutelwolf reisen umsonst.

- BERND PFARR -

Geboren 1958. Studierte Zoologie und Aktzeichnen an der renommierten Entenhausener Airbrush University. Promovierte über *Exhibitionismus bei Nacktschnecken*. Reiste 1994 unerkannt mit einem Schwarm Graugänsen nach Norwegen, wo er auch seine spätere Frau kennen lernte. Eine Auswahl seiner Veröffentlichungen: *Igel al dente – Braten mit dem Kühlergrill* (S&M-Verlag, 1989), *Die unterschätzte Gefahr – Alzheimer bei Eintagsfliegen* (Pfäfflikon, 1993) und *Elefanten aus dem Gedächtnis gezeichnet* (Schirmer, 1996).

- HANS ZIPPERT -

Geboren 1957. Wurde bei der Geburt im Krankenhaus vertauscht und wuchs in einer Wildschweinrotte im Wiehengebirge auf. Studierte anschließend Zoologie und Jura und promovierte über *Eigentumsdelikte juveniler Elstern*. Forschungsreisen führten ihn ins Innere Ostwestfalens und bis an den Hochtaunuskreis. Veröffentlichungen: *Mietpreisvergleiche bei Wirtstieren* (1988), *Postkoitale Depressionen bei Schimpansen* (1991) sowie *So lecker schmeckt der Panda – Kochen mit der Roten Liste* (Elefanten Press, 1995).

Foto: Norbert Miguletz

Tiere auf Reisen sind extrem schwer zu beobachten. Noch schwerer ist es, Beobachter von reisenden Tieren zu beobachten. Hier hat der Fotograf genau in dem Moment auf den Auslöser gedrückt, als die Forscher Pfarr und Zippert einen durchreisenden Hasen entdeckten. Während Pfarr kaltblütig sofort eine Skizze des Koffers anfertigte, nahm Zippert Sekunden später auf den Schrecken einen Schluck aus seinem Fernglas.